Lb 49/798.

LETTRE
D'UN ÉLECTEUR

DU DÉPARTEMENT DE LA CHARENTE,

A UN COMPATRIOTE

SUR

LES ÉLECTIONS DE CE DÉPARTEMENT.

PARIS

IMPRIMERIE DE J. TASTU,
RUE DE VAUGIRARD, N. 36.

1828

L'administration dans les départemens sommeillait comme à Paris : on n'y a vu d'actif que la corruption, les fraudes, les illégalités et tout ce machiavélisme électoral. Les préfets inoccupés ou occupés de toute autre chose que de leur devoir légal, avaient pu difficilement acquérir la considération et l'estime dont ils avaient besoin pour établir leur influence ; et depuis les élections (les faits nombreux rapportés par les feuilles publiques en ont fait preuve), il en est qui sont devenus pour leurs administrés un objet de répugnance ou de dérision. On sent que de tels hommes déchus de la confiance de leurs concitoyens, se trouvent dépourvus désormais de l'autorité morale qui leur serait nécessaire pour faire le bien ; et apparemment que la France ne les paie pas si cher pour faire le mal ou pour ne rien faire du tout.

(*Courrier Français du 10 janvier* 1828.)

LETTRE
D'UN ÉLECTEUR

DU DÉPARTEMENT DE LA CHARENTE.

Angoulême, 15 décembre 1827.

Mon cher compatriote,

Absent depuis long-temps de notre département, tu t'étonnes du résultat de nos élections, auquel tu étais loin de t'attendre, d'après ce qui s'était passé en 1824; tu t'étonnes surtout, et avec raison, de la nomination de M. Delalot, que tu sais n'avoir aucune relation de parenté ni d'amitié dans notre département. Ce changement dans l'opinion ne te surprendrait pas, si tu venais visiter ta ville natale. La paternelle administration de M. le marquis de Guer rallie à l'Opposition tous ceux qui hésitaient encore à quitter les phalanges déjà tant éclaircies du président du conseil. Quel homme que M. de Guer! Talens administratifs, éloquence politique, profonde sagacité, connaissance admirable des choses et des hommes, tout se rencontre dans son vaste cerveau. Ne crois pas que je charge le portrait du noble marquis, je vais t'expliquer sa conduite par des faits, et par des faits seulement relatifs aux élections : ils t'expliqueront comment M. Delalot a été élu notre député, et j'aurai atteint un double but. Pour cela, je suis forcé de remonter à l'époque de sa première nomination en juillet dernier.

En 1824, les éliminations des noms des électeurs indépendans, les circulaires lançant la destitution contre les fonctionnaires *félons*, l'appui dès-lors tout-puissant de la congrégation, acquirent à M. Descordes la majorité des suffrages; il avait pour concurrent le digne M. Albert, président de notre tribunal, que le préfet tenait à éloigner de la députation; M. Albert avait eu le courage de dire au duc d'Angoulême, que l'ordonnance d'Andujar devait être comparée à l'édit de Nantes! parler de l'édit de Nantes dans un pays de protestans! La congrégation n'est pas oublieuse, elle garda rancune au président, il fut repoussé, et M. Descordes eut la majorité. Pour celui-là, tu le connais, tu sais quels sont ses talens oratoires, et les moyens qui l'ont fait appeler, du banc de simple avocat, à la première présidence de la Cour royale de Poitiers. J'aurais bien des choses à dire sur son compte, mais tu pourrais me répondre comme la Biographie des députés, on est *mauvaise langue à Angoulême*; et puis il ne faut pas plaisanter avec les gens de justice, ils ont le bras long....

MM. Hennessy et Dupont durent leur nomination à l'estime de leurs concitoyens; M. de Montleau fut choisi par le vif désir qu'on avait de voir un homme indépendant représenter la Charente, et surtout parce que le préfet s'opposait à sa nomination. Car c'est une bonne fortune d'avoir M. le préfet pour antagoniste dans une élection, les suffrages arrivent sans que vous les cherchiez, c'est presque comme à Paris!

M. de Montleau, après avoir résisté avec un rare courage aux fatigues de trois sessions consécutives; après avoir sacrifié sa santé et sa fortune, pour remplir les devoirs d'un bon et loyal député, car il a su se conserver pur au milieu des séductions ministérielles; M. de Montleau envoya sa démission en mars dernier. On parla aussitôt de le remplacer par un homme capable de nous représenter dignement. Les libéraux jetèrent les yeux sur M. Gellibert, qui vient tout à l'heure d'obtenir la récompense due à un beau caractère. Mais les électeurs d'une autre opinion se trouvèrent fort embarrassés.

Malheureusement l'Augoumois comme la Basse-Bretagne [1] ne présente pas une foule de candidats recommandables par des talens transcendans, des services ou des fortunes considérables. On pourrait croire qu'il y a pénurie réelle de candidats, surtout lorsqu'on attache peu de prix à les rechercher, et qu'on est uniquement occupé à se faire

. . . . . Vingt mille francs de rente
Sur des appointemens qui ne sont que de trente.

Aucun éligible ne se présentait, quelqu'un eut l'heureuse idée de jeter les yeux sur M. de Villeneuve, jadis notre préfet, maintenant celui de la Loire-Inférieure.

A peine le nom de ce *Montmorency de Provence*, pour me servir de l'expression de Marchangy, fut-il prononcé, que de tous les points du département, les suffrages des opinions divergentes vinrent se grouper autour de cet homme honorable ; on n'entendait que les éloges de l'administration, toujours sage, éclairée et bienveillante pour tous, de celui à qui Louis XVIII avait exprimé le regret de ne pas lui voir quatre-vingts frères pour en faire ses quatre-vingts préfets.

Après bien des tergiversations, le marquis de Guer, obligé de reconnaître que son collègue était un candidat qu'il ne pouvait se dispenser de proposer, se déter-

[1] M. de Guer prétend qu'en Bretagne, province qui a l'honneur de lui avoir donné le jour, on trouve vingt candidats recommandables pour un. Voilà pourquoi, sans doute, M. de Guer, candidat depuis 1824, n'a pas encore été nommé député.

mina à écrire à M. de Corbière, que le nommer président, c'était le nommer député. Le ministre, heureusement surpris d'être servi à souhait, dans un moment où les réélections partielles n'étaient pas toujours conformes à ses désirs, s'empressa d'entretenir le Roi de nos dispositions, et Sa Majesté, après avoir signé l'ordonnance, donna son approbation particulière à ce choix, en adressant ces paroles flatteuses à M. le marquis de Villeneuve, préfet de la Somme : « Je suis très-satisfait de vos ser- » vices ! Vous êtes presque en famille à la Chambre, » j'espère y compter bientôt un Villeneuve de plus, et » je le désire beaucoup. » Cet auguste suffrage ayant fait disparaître les dissidences qui s'élèvent ordinairement entre les candidats, plusieurs d'entre eux se désistèrent en faveur de M. de Villeneuve. Déjà nos concitoyens se préparaient à recevoir un magistrat qu'ils regrettent à tant de titres, quand leur espoir fut déçu. Soit que M. le marquis éprouvât une secrète jalousie de l'amour qu'on conservait pour son prédécesseur, amour tellement exclusif, que M. de Guer n'a pu en obtenir la plus légère partie, soit qu'un membre de la députation craignît de voir diminuer son importance, en ayant un collègue tel que M. de Villeneuve; le ministère rapporta l'ordonnance, et le *candidat du Roi* (celui-là l'était réellement) se trouva repoussé. Le général Dupont refusa la présidence qui fut donnée à M. le premier président Descordes.

Ce fut alors que des hommes qui suivent avec intérêt le cours des affaires publiques, rappelèrent au souvenir de leurs concitoyens les talens éminens de M. Delalot, son courage politique, et sa constante opposition aux doctrines corruptrices du ministère. Aussi lorsque les honorables MM. de Beaumont et de Lézardière, passant à Angoulême, proposèrent M. Delalot comme candidat, les esprits s'y trouvèrent tout disposés, et on attendit avec confiance la réunion électorale.

M. Descordes, sans s'arrêter auprès d'une cour où il est autant aimé qu'estimé, arriva tout exprès, pour apporter l'appui de son nom, de son caractère et de son influence à la candidature de M. de Chastaignier. En effet, M. de Chastaignier était le candidat de la congrégation ; M. Descordes reçut ordre de favoriser sa nomination, et si l'on en croit des bruits qui eurent alors quelque consistance, on attribua à cette cause la défaveur jetée sur M. de Villeneuve, par les agens du pouvoir qui le préconisait la veille.

Je ne te raconterai pas toutes les petites chicanes que M. le préfet suscita aux électeurs indépendans ; je ne te dirai pas non plus la courageuse résistance opposée par quelques jeunes gens : tu connais l'excellente *Instruction aux électeurs*, due à la plume d'un avocat aussi distingué par son caractère que par son talent. Son exemple, imité par tout ce qu'il y a d'ames nobles et indépendantes, a remonté l'esprit public de notre pays.

L'honorable M. Salvandy a fait connaître, dans son histoire satirique de la Censure, les principales circonstances de cette élection ; je ne t'en parlerai pas, te soupçonnant fort de lui avoir communiqué ces détails ; je n'y ajouterai qu'une seule anecdote. Tu es friand d'anecdotes, n'est-ce pas? D'ailleurs, c'est une bonne fortune, qu'une anecdote électorale pour vous autres frondeurs éternels. Il m'en coûte cependant de la transcrire, le héros est le brave et pieux M. de Guer. Tu vas t'imaginer que je le calomnie; Dieu m'en garde! parler mal d'un préfet !... Heureusement le comité de censure ne sera pas obligé de mettre son *visa* au bas de ma lettre. A propos, on assure que le comité va de nouveau se réunir; qu'en pense-t-on là-bas ¹! Tu sais bien qu'ici le journal

---

¹ Notre correspondant ne pouvait connaître le changement de ministère, il ne pouvait se douter qu'un mois après sa lettre écrite, il se forme-

du bon M. Trémeau est toujours soumis à sa scrupuleuse censure ; si par hasard le méticuleux rédacteur se permettait la plus légère plaisanterie, je frémis d'y songer!... Grâces à lui, nous ignorons tout, sauf les éloquens discours de M. le préfet, et du gouverneur de l'École de marine, que les électeurs du Gers n'ont pas voulu détourner de ses hautes fonctions. Je reviens à mon anecdote.

Le bureau provisoire ayant été confirmé, le préfet crut son succès certain, et au dîner qui suivit la séance, il accorda la seconde place d'honneur à un conseiller de préfecture membre du bureau. Ce conseiller avait certifié infaillible la nomination du congréganiste ; il fallait le remercier, et ce *sauveur de la patrie* fut placé à côté de M. le marquis, tandis que le digne M. Hennessy, député constitutionnel, occupait la sixième place. Malgré ces préludes de victoire, les prévisions du conseiller ne se réalisèrent pas. M. Gellibert ayant renoncé à la candidature, neuf bulletins nommant M. Delalot sans désignation furent annulés, attendu, dit le président Descordes, que cent *boutiquiers* portent à Paris le nom de Delalot. L'expression ne fit pas plus fortune dans notre haut collége que celle de M. Dudon à la Chambre. Il est vrai que ces deux grands débris peuvent se consoler entre eux ; les boutiquiers ne veulent ni de l'un ni de l'autre.

Ce résultat inattendu jeta l'alarme dans le salon de M. le préfet ; ce jour-là il n'y avait pas de dîner, on comptait sur le succès, et comme dit Figaro, « ce qui est » bon à prendre est bon à garder. » La subvention électorale s'en fut joindre les frais de bureau du préfet ; l'excédant de ses frais de bureau étant exactement distribué à ses employés, il voulait augmenter le cadeau,

---

rait une nouvelle administration dont l'entrée en fonctions aurait été précédée, à ce qu'on dit, d'une déclaration de principes où l'abolition de la censure aurait été formellement demandée.

(*Note de l'Editeur.*)

c'est un si bon père pour ses employés, que M. le marquis! Ne le blâmons pas, sa main droite doit ignorer ce que fait la gauche, *et vice versâ*, de telle sorte que M. le marquis ignore ce que font ses deux mains. Ne soyons pas plus exigeans que lui-même. Tu sais d'ailleurs qu'il a les dîners en horreur; quand madame la duchesse d'Angoulême passa dans notre ville pour se rendre à Bordeaux, il oublia totalement de faire préparer le dîner des personnes de sa suite. Nous avons ri ensemble de cette malencontreuse distraction. Dans un temps où les repas jouent un si grand rôle politique, oublier un dîner! C'est cependant ce qui s'est passé en juillet.

Les électeurs dévoués se promenaient lentement dans le salon de la préfecture; le préfet, l'œil morne et la tête baissée, cherchait une de ces soudaines inspirations du génie qui peuvent sauver les causes désespérées. Que pensez-vous de notre position? demande-t-il à un conseiller de préfecture plus clairvoyant et plus disposé que celui de la veille en faveur de M. Delalot. — Le mal est si grand, M. le préfet, que l'intervention d'une puissance divine peut seule nous tirer de là; je ne vois de salut que dans une nouvelle messe du Saint-Esprit.

A peine ces paroles sont-elles prononcées, que les dames se mettent en prières avec toute la ferveur requise dans une aussi grande circonstance; cette prière fut renouvelée le lendemain, et M. Delalot se vit nommé à une immense majorité.

Ce fut dans cette séance que M. Auguste Martell s'opposa avec fermeté à ce qu'un faux électeur déposât son vote, le menaçant de le dénoncer et de le poursuivre devant les tribunaux; notons ce fait, il est le premier qu'on ait signalé en province, il en a fait naître d'autres.

Aussitôt l'élection terminée, le système de calomnie cessa; on prit plaisir à répandre dans le public que le choix du collège avait été agréable, non pas au ministère, mais, profanant les noms les plus dignes de respect, à la cour., au risque de se rétracter trois mois plus tard.

L'impression produite par cette élection fut immense, les constitutionnels de toutes nuances se félicitaient : Nous sommes certains de la victoire, disaient-ils, quand nous voudrons marcher réunis, et tous s'écrièrent : *Aide-toi, le ciel t'aidera.* Oui, nos électeurs se sont aidés, et lorsque la sagesse du monarque en a appelé aux colléges électoraux, en envoyant, sur cinq députés, quatre membres fortement prononcés pour nos institutions constitutionnelles, nos électeurs ont prouvé qu'ils avaient réfléchi sur leur force, et que leur union leur répondait du succès.

Le temps qui s'écoula entre les deux élections, temps ordinairement de répit et de loisirs pour les préfets, fut encore pour notre marquis une époque de tribulations ; les listes électorales se confectionnaient, chacun s'empressa de s'y faire inscrire ; les fondés de pouvoir, les huissiers instrumentèrent, et la liste fut close. Nous nous attendions à de grands événemens. Le voyage de Saint-Omer avait donné naissance aux bruits les plus absurdes ; ils étaient heureusement dissipés, quand tout-à-coup on apprit la dissolution de la Chambre et la réunion des colléges électoraux. Nous recherchâmes avidement sur la liste les noms des présidens, et ce ne fut pas sans surprise que nous lûmes celui de M. *Albert*, si indignement repoussé en 1824. Bientôt on sut que M. de Guer avait présenté M. de Villeneuve comme le seul candidat qui, nommé à la présidence, aurait assez de prépondérance pour faire échouer M. Delalot. M. de Villèle était assez bien disposé à s'acquérir une voix de plus, lorsqu'un employé supérieur lui fit observer que c'était se montrer trop à découvert, que d'enlever en de telles circonstances un préfet à son département pour l'envoyer combattre dans un autre, les renseignemens qu'on recevait d'Angoulême ne pouvant mériter aucune confiance. M. de Villèle se rendit à ses raisons et choisit M. Albert.

Ici l'action se complique, le drame se lie, deux élections ont lieu presque simultanément. Que de peines elles vont causer à M. de Guer! Une tête moins fortement organisée que la sienne n'eût pas supporté de semblables fatigues. C'est alors que nous le vîmes déployer cette haute diplomatie dont il possède seul les secrets; c'est alors que nous l'entendîmes lancer les foudres de cette mâle éloquence dont les accens retentissaient encore dans les salons de la préfecture. Pourquoi n'avions-nous pas d'habiles sténographes pour recueillir ses belles improvisations, et pourquoi, surtout, n'ai-je pas un talent digne d'un tel héros et de faits aussi éclatans. Si je n'ai pas d'autre mérite que celui de l'exactitude, tu voudras bien, mon ami, suppléer à ce qui me manque, ton imagination te retracera rapidement le théâtre de l'action; tu te représenteras ce noble seigneur, la main négligemment passée dans l'ouverture de son gilet, les besicles pittoresquement relevées sur le front, siége des plus hautes pensées; tu verras le sourire plus que sardonique de la foule, le visage satisfait de quelques séides, tu reconnaîtras même leurs traits, je tais les noms, tu rougirais pour eux.

Les électeurs indépendans attendaient avec impatience le moment de récompenser la conduite de M. Gellibert, qui dès 1824 s'était attiré l'estime générale par son opposition franche et courageuse aux supercheries électorales de M. Descordes. On se souvenait qu'un mois après les élections, M. de Guer avait destitué cet honorable citoyen de sa place de maire d'un village, où il exerçait la médecine pour secourir les malheureux. Il n'a pu le destituer de ce noble emploi! M. Gellibert se bornait à être le père de ses administrés; le préfet jugeant qu'une conduite aussi différente de la sienne devait être coupable, destitua M. Gellibert: dès-lors il fut, dans l'esprit de nos électeurs, le véritable candidat de l'opinion libérale. En juillet, par un désintéressement rare alors, mais qui depuis a été imité sur tous les points de la France, il abandonna la candidature à laquelle il avait tant de droits, en faveur de M. Delalot. Le moment était venu de lui tenir compte de son patriotisme; toutes les voix se portèrent sur lui; quant au premier président Descordes, il n'en fut pas seulement question ; il était frappé de mort politique. En vertu des instructions ministérielles, M. de Guer, considérant M. Albert comme *candidat du Roi*, chercha à lui gagner des suffrages; en vain lui répliquait-on par les phrases qu'il mettait en avant contre M. Albert en 1824. Le marquis avait réponse à tout, mais il n'avait pas prévu que la plus forte opposition viendrait de cet honorable magistrat lui-même. Celui-ci déclara en effet qu'il n'accepterait ni la candidature, ni la présidence. En vain les séductions qu'on croyait les plus certaines, furent-elles mises en usage ? En vain chercha-t-on à le gagner dans la personne de son fils, il fut inébranlable, il avait une sorte de pudeur à se laisser élire par les amis du préfet : M. Albert, certain d'obtenir les suffrages de tous ses concitoyens quand il les demandera hautement, eut le bon esprit de voir que même une présidence était une sorte d'engagement contracté avec un pouvoir qui ne représente plus rien en France, et qu'on s'honorait en la refusant. Voilà donc M. de Guer sans candidat, le voilà sans président, et le voilà seul un candidat redoutable ! Heureusement il possède un conseil de préfecture; il le réunit, et là, par son éloquence, il obtint un arrêté qui rapportant celui du mois de juin, réduisait les contributions de M. Gellibert au-dessous du cens voulu par la Charte. Pourquoi les séances de ce conseil ne sont-elles pas publiques? Ce serait chose curieuse qu'assister à une semblable délibération.

Triple était la position du préfet, il crut avoir emporté d'assaut le premier point, en élaguant le candidat de l'Opposition ? Comme si un parti assez fort pour élire un homme, recule devant un nom! Cet arrêté produisit un effet tout différent de celui qu'on en attendait, et cependant facile à prévoir ; il montrait la faiblesse du ministère, représenté par M. de Guer. On ne tint pas compte de cet acte, et M. Gellibert fut toujours le candidat avoué des libéraux. Le pouvoir n'en présentait aucun ; peu importait en effet de le choisir à l'avance, la conscience de ceux qui votent pour lui n'a besoin de connaître le nom qu'au moment du scrutin! Le président, c'était autre chose! Et ici rendons hommage au préfet, il choisit un homme peu remarquable par ses talens, mais qu'il pouvait présenter sans crainte à ses amis et à ses ennemis ; ce fut le respectable M. de La Garde, maire de La Rochefoucault. Enfin au moment de voter, M. le préfet improvisa pour candidat M. de Chastaignier, qui encore tout fraîchement meurtri de sa chute aux élections de juillet, accepta avec humilité, et par cet acte de dévouement, se prépara de nouveau aux angoisses du martyre électoral.

Le préfet n'avait pas perdu son temps ; les avis qui lui parvenaient de toutes parts lui annonçaient une défaite certaine ; il rit de ces menaces, et son imagination lui suggéra un moyen qui devait infailliblement lui donner la victoire. Tout joyeux, il court à M. de La Garde et lui dit : « M. de Chastaignier va être nommé si vous le voulez.—Comment donc?—Rien de plus simple! annulez, M. le président, les bulletins portant nom Gellibert, notre candidat aura nécessairement toutes les autres voix, et sa proclamation ne souffrira plus de difficultés. » Ce brave M. de Quinsonnas doit se pendre pour n'avoir pas inventé cette nouvelle méthode d'interpréter cette pauvre loi des élections! M. de Guer est son digne émule, et par ces présentes, je prends acte pour notre préfet de cette grande découverte. Il est grand jurisconsulte, M. le préfet ! Presque aussi grand que M. de Corbière ; sûrement en sa qualité de Bas-Breton, il a une certaine ténacité d'opinion qui ressemble beaucoup à celle du ministre de l'intérieur [1] ! M. de La Garde ne fut pas convaincu, le préfet s'en aperçut; mais enchanté de sa découverte, et s'élevant à la hauteur du danger, il prend la plume et trace à grands traits une épître que je regrette de ne pouvoir citer textuellement. Il informait le président qu'en vertu de l'arrêté du conseil de préfecture, en date du 8 courant, M. Gellibert, n'étant plus éligible, les bulletins portant son nom devaient être considérés comme nuls, et qu'il était fondé à se refuser de le proclamer député s'il obtenait la majorité.

Le bon président, qui n'y entendait nullement malice, lut cette lettre à haute voix; chacun de se regarder et de se demander ce qu'il voulait dire, mais quand on eut connu le but de cette missive, les éclats de rire inextinguibles partirent de tous des points de la salle; les quolibets, les plaisanteries, tombèrent comme un feu roulant; car tu le sais, autant un préfet inspire de crainte à un individu isolé, autant il est un sujet de gaieté pour les masses, surtout quand elles sont réunies pour remplir les plus importantes fonctions que notre loi fondamentale ait confiées aux citoyens. M. Gellibert, aussi ferme que plein de talens et de profondes connaissances, se borna à répondre à M. le préfet : « J'ai l'honneur de vous prévenir que je serai nommé ce soir à la majorité de deux cents voix. » Il ne se trompait pas, car après sept heures d'une anxiété mortelle pour le préfet, il obtint trois cent quatre voix sur quatre cents seize suffrages exprimés. M. de La Garde fut à son tour fort embarrassé, il voyait bien que le préfet commentait singulièrement la loi; mais d'un autre côté, il était jaloux de se ménager les bonnes grâces de ce fonctionnaire; il se borna à déclarer

---

[1] Le correspondant ne pouvait prévoir le changement de ministère; cette observation est d'ailleurs inutile, chacun sait que M de Martignac n'est pas Bas-Breton.

que M. Gellibert, ayant obtenu la majorité déterminée par la loi, le résultat du scrutin le déclarait membre de la Chambre des députés.

Ce triomphe, quoiqu'attendu, produisit une vive sensation ; nous allions enfin être représentés par un homme ferme et courageux, intrépide défenseur de toutes nos libertés ; nous savions qu'inaccessible aux séductions du pouvoir, M. Gellibert saurait toujours soutenir la cause qu'il a embrassée, aux dépens même de sa fortune, car aucun sacrifice ne coûte à des hommes de cette trempe ! le préfet ne l'ignorait pas. Il a fait tout ce qu'il a pu pour l'éloigner, M. de Villèle doit lui en savoir gré.

Battu à Angoulême, M. de Guer le fut encore à Confolens. M. Pougeard du Limbert avait été élu ; ce respectable vieillard, âgé de soixante-seize ans, sollicité instamment d'accepter la candidature, refusa pendant deux jours, il céda enfin en disant : « Je vois bien que pour la conservation de nos institutions, il faut que j'aille me faire enterrer au père La Chaise. »

L'élection de Cognac a offert un spectacle aussi nouveau qu'inattendu. Je t'en ai écrit tous les détails, je ne veux point en surcharger cette lettre, d'autant mieux qu'il me reste à te raconter l'histoire des élections du haut collége.

Le général Dupont n'avait pas été nommé à Confolens. Il présidait le collége du département, il était donc le premier candidat du ministère ; ici du moins le ministre présentait un homme entouré d'une grande considération et d'une nombreuse clientelle. La reconnaissance raisonne rarement, c'est elle, c'est l'affection qu'on porte au général qui entraînèrent les voix des électeurs, quoique ceux-ci blâmassent au fond de l'ame la marche constamment suivie par le député, depuis qu'il siége sur les bancs législatifs. Le préfet voulait lui donner pour collègue M. le marquis Charas de la Laurencie ; il me souvient qu'en 1824, lorsque nous envoyâmes à la Chambre ce nouveau membre, peu de personnes le connaissaient; nous avons appris depuis à le connaître. En vain assurait-il que, frappé de la haute idée constitutionnelle contenue dans la proposition de M. de Jankowitz, il avait abdiqué ses fonctions militaires ; en vain faisait-il parade de ce désintéressement. Des plaisans se sont avisés de découvrir que M. le marquis s'était contenté de donner sa démission d'activité, et qu'après dix ans de services il se retirait avec une demi-solde de 2,000 francs, égale à celle qu'il eût obtenue s'il eût répandu son sang sur tous les champs de bataille où la valeur a promené tour à tour nos aigles triomphantes. Nous nous sommes rappelé certain proverbe de notre pays : Entre deux selles... et le militaire député n'est plus ni militaire, ni député, triste dédommagement de sa servilité pour le ministère Villèle !

Les indépendans ne furent pas un seul moment indécis ; ils portaient tous MM. Delalot et A. Martell. M. Delalot, c'était de toute justice, l'élu de juillet, n'a pas cessé de mériter ce titre d'honneur, et M. Martell était digne de l'obtenir. Les partisans de M. Dupont durent manœuvrer avec habileté, pour ne pas perdre une majorité incertaine, aussi le préfet se tint-il à l'écart : parmi les moyens employés pour lui gagner des voix, on cite celui d'un fonctionnaire public qui a réussi à décider huit ou dix votans en leur promettant de donner en échange son suffrage à M. Martell, promesse qu'il a religieusement tenue une seule fois, il est vrai.

Malgré ces efforts, M. Dupont n'obtint que deux voix de plus que la majorité, et M. A. Martell eut cent quatre suffrages. Ce triomphe fit sortir le préfet de sa torpeur; il va se réveiller, et le réveil sera terrible ! C'est à la suite d'un dîner qu'il veut exercer son influence sur les électeurs; ce dîner, il est vrai, avait été donné par le président; M. de Guer, fidèle à son système, avait jugé convenable de lui laisser faire les frais. Les électeurs fonctionnaires publics étaient en grand nombre; tremblans, ils attendaient le vote qu'on allait leur dicter. Le préfet voulant mettre en usage son dernier moyen de séduction, eut recours à une improvisation, aussi heureuse, aussi hardie que toutes celles qui sont sorties de sa bouche : « Vous avez bien travaillé, Messieurs, dit-il, mais vous n'avez fait que la moitié de la besogne ; demain vous terminerez votre tâche, de la même manière que vous l'avez commencée. Souvenez-vous que le candidat ministériel est M. de La Laurencie ; en conséquence, c'est une obligation, c'est un devoir pour nous tous de le nommer. » Cette harangue, remarquable par un heureux choix d'expressions et de tournures élégantes, provoqua la noble réponse d'un royaliste constitutionnel qui, entraînant les irrésolus, assura la victoire à M. Delalot. Tu as lu cette réponse dans la *Quotidienne*, je ne te la rappellerai pas.

Sur ces entrefaites, les libéraux assemblés continuaient toujours à vouloir M. Martell; celui-ci craignant la nomination de M. de La Laurencie, reporta ses voix sur M. Delalot; le parti libéral se rallia franchement aux royalistes, et M. Delalot eut quatre-vingt-dix voix de plus que son concurrent.

Le temps est arrivé où les royalistes dignes de ce nom doivent ouvrir les yeux ; désormais moins dominés par une fausse vanité, moins occupés des services qu'ils ont rendus et du prix qu'ils en attendent, ils sentiront enfin la nécessité de serrer leurs rangs et de grossir ces nobles phalanges qui ont écrit sur leurs drapeaux : *Celui qui veut moins que la Charte, autrement que la Charte, plus que la Charte, celui-là manque à ses sermens.* Qu'ils cessent surtout de classer parmi les crimes, les fautes ou les erreurs commises dans un violent mouvement politique; que revenus à de meilleurs sentimens, ils professent la doctrine de ce prince dont le nom est pour nous un titre de gloire, qu'*union et oubli* soit dans leurs cœurs comme dans celui de l'héritier du trône, et que tous ensemble nous puissions nous réunir au cri éminemment français de *vive le Roi! vive la Charte!*

Après les batailles, même suivies de défaites, on récompense le courage malheureux. C'est en suivant cette antique maxime qu'on vient de nommer chevalier de la légion-d'honneur notre receveur-général. M. Calluaud, qui méritait cette honorable distinction par ses services, aurait préféré la recevoir dans une autre circonstance; il semble qu'elle lui ait été accordée afin de le remercier de ses efforts à coopérer à l'élection de M. de La Laurencie, depuis long-temps son ami. Il y a bien des gens qui n'attribuent cette faveur qu'à cette seule cause, je veux croire que M. Calluaud la doit à ses travaux comme comptable. Tu penseras ce que tu voudras.

Quelle récompense doit obtenir M. de Guer? En 1824, il envoya cinq députés au ministère, on le nomma officier de la légion-d'honneur; d'aucuns prétendent qu'il aura la croix de commandant parce qu'il a bien *travaillé* quoiqu'il n'ait fait qu'un cinquième de la *besogne*. Mais d'autres prétendent que M. de Villèle (s'il reste) pourrait confier à ce noble préfet d'autres électeurs plus faciles à conduire.

Là-bas vos vœux, vos espérances, sont pour un changement, ici nous ne voulons pas le changement de notre magistrat! Qui mieux que le marquis pourrait occuper cette place? Où trouver un préfet meilleur administrateur, plus éloquent et surtout plus économe des deniers de l'État. On prétend qu'il a refusé la subvention de 3000 francs à lui accordée pour frais extraordinaires, attendu qu'il n'a rien fait d'extraordinaire, et que trois discours payés 3000 francs, c'est en conscience estimer un peu cher son éloquence administrative. Ce fait, je ne l'affirme pas, mais je connais le caractère de l'homme et je le crois vrai....

On va jusqu'à dire que M. le marquis, jugeant avec un peu plus de sang-froid sa position, voulait donner des soirées, des fêtes, où seraient admis ses fidèles partisans et ses nombreux antagonistes. Déjà madame son épouse s'est contentée de passer dans quelques maisons pour faire ses invitations, voulant éviter la foule et surtout le *mélange*. Elle se trompe comme son époux ; chacun voudra coopérer à l'œuvre qu'il se propose, en réunissant des partis qu'il n'a su ni conduire, ni diviser. Je ne doute pas de tout l'intérêt que vont offrir ces soirées ; comme il s'y passera des scènes plaisantes, je ne renonce pas à l'idée de te raconter les détails de ce qui sera de nature à t'amuser et à te mettre au courant de la situation morale de notre société.

Pour nos électeurs, convaincus par l'expérience de notre force, si le Roi faisait un nouvel appel à la France entière, nous y répondrions comme nous venons de le faire ; peut-être même serions nous assez heureux pour n'envoyer à la Chambre que des députés indépendans. C'est ce qui arriverait sans aucun doute, si M. de Guer prêtait encore à M. Dupont l'appui de son influence.

Tel est, mon cher ami, le tableau fidèle de notre élection ; les détails nombreux qui s'y rattachent, les épisodes qui sont venus égayer ces jours si beaux pour nous, et qui au moins n'ont pas été ensanglantés, fourniraient matière à une épître beaucoup plus étendue. De toute cette narration dont je te prie d'excuser la longueur, tu tireras deux conséquences : la première, c'est la force de nos électeurs quand ils sauront se réunir et s'entendre ; et la seconde.... celle-ci je te la laisse à deviner !

J***.

A la date de cette lettre, tu verras que j'ai retardé de l'envoyer par une foule de bonnes raisons ; la première c'est que ma confiance dans les employés de M. de Vaulchier n'est pas pleine et entière; et si j'aime à causer avec mon ami, je ne suis pas bien aise que mes lettres soient lues avant de lui parvenir. Pour toi, quand tu en auras pris lecture, fais-en l'usage que tu jugeras convenable, donne-lui même la plus grande publicité, si tu crois être utile à notre cause. Je te demande seulement de taire mon nom; à Paris tu es au-dessus des petites vexations du pouvoir, ici grand Dieu! si jamais on me soupçonnait!

4 janvier 1826.

www.ingramcontent.com/pod-product-compliance
Lightning Source LLC
Chambersburg PA
CBHW071430060426
42450CB00009BA/2106